신화, 별자리를 수놓다

글 서보현 **그림** 김선진

주니어 RHK

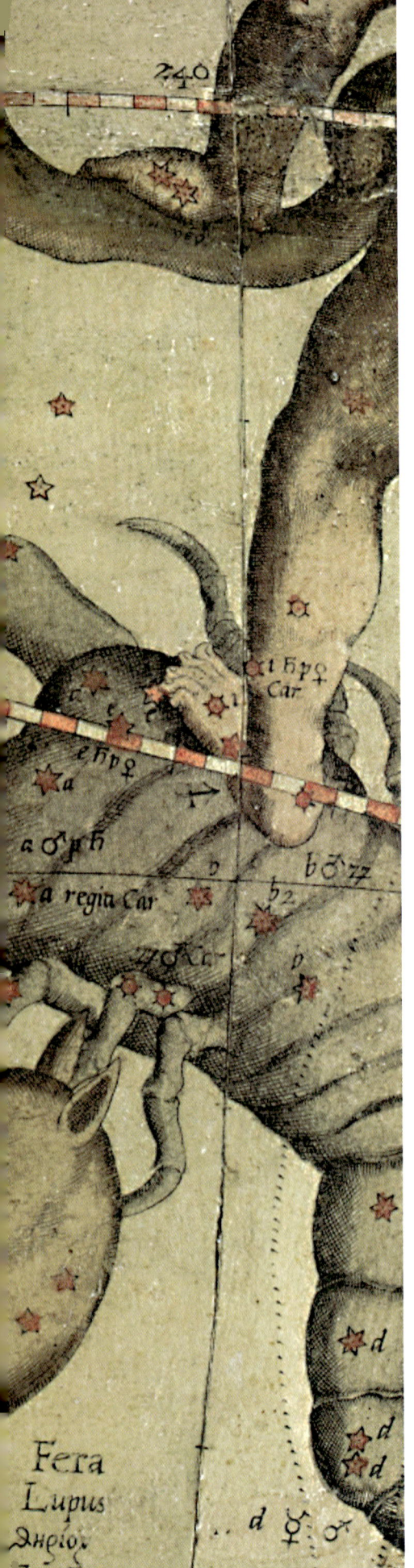

차례

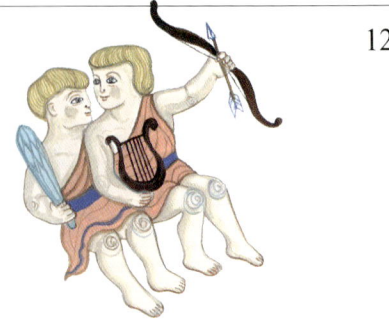

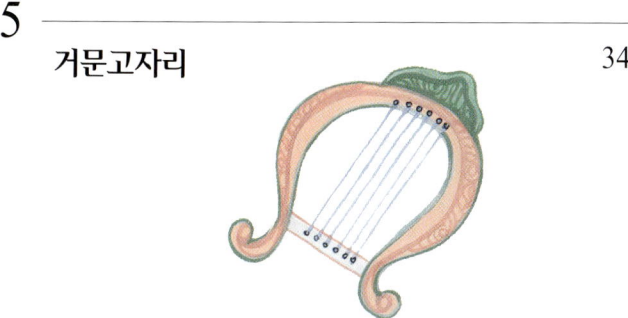

 큰곰자리와 작은곰자리

큰곰자리와 작은곰자리는 북쪽 하늘에서 일 년 내내 볼 수 있는 별자리예요.
북극성은 작은곰자리의 꼬리 끝 부분인데, 다른 별들과 달리 항상 제자리에
있는 것처럼 보여서 옛날 뱃사람들은 이 북극성을 기준으로 길을 찾았다고 해요.
언뜻 보면 마치 국자처럼 생겨서 외국 사람들은 큰 국자, 작은 국자라고
부르기도 하는데 이 별자리에는 아주 슬픈 이야기가 숨어 있답니다.
북쪽 하늘에 사이좋게 떠 있는 큰 곰과 작은 곰.
어떤 이유로 하늘에 올라가 별이 되었는지 함께 알아보아요.

헤라의 질투로 곰이 된 칼리스토

칼리스토는 아름다운 숲의 님프예요. 칼리스토는 평생 처녀로 지내며
순결을 지켜 온 아르테미스 여신을 무척 존경하고 따랐어요.
자기도 아르테미스 여신처럼 평생 처녀로 지내겠다고 맹세했지요.
그리고 아르테미스 여신의 옆에서 시중을 들며 지냈답니다.
어느 날 숲을 지나던 제우스가 칼리스토를 보았어요.
"아니, 저렇게 아름다운 님프가 있다니!"
제우스는 한눈에 반해 칼리스토를 쫓아다녔어요.
하지만 칼리스토는 제우스를 거들떠보지도 않았답니다. 제우스는 생각 끝에
아르테미스 여신의 모습으로 변신해 칼리스토에게 접근했어요.
칼리스토는 자신이 존경하는 여신의 모습으로 변한 제우스와 함께 지냈지요.
하루 이틀 지나면서 칼리스토는 자기가 아기를 가졌다는 것을 알게 되었어요.
칼리스토는 자기가 속았다는 것을 알았지만, 아들 아르카스를 낳아
끔찍이 사랑하며 지냈답니다. 하지만 평화로운 날은 오래가지 않았어요.

"아니, 뭐라고? 제우스가 딴 여자와의 사이에서 또 아이를 낳았단 말이냐?"

제우스의 부인인 헤라 여신은 칼리스토와 아르카스의 이야기를 듣고
무척 화를 냈어요. 그래서 칼리스토를 크고 흉측한 곰으로 바꾸어 버렸답니다.
곰이 된 칼리스토는 아들을 돌볼 수 없어 무척 슬펐지만 어쩔 도리가 없었어요.
결국 아르카스는 어느 농부의 손에 자라게 되었지요.
칼리스토는 무럭무럭 커 가는 아들의 모습을 먼발치에서 바라보며 하루하루 지냈어요.
어느 날, 씩씩하게 자라난 아르카스는 날카로운 화살을 들고 사냥에 나섰어요.
사냥개가 사납게 짖고 뿔피리 소리가 요란한 가운데, 아르카스는 숲을 지나
들판을 달렸어요. 그러다 우연히 자신의 엄마인 칼리스토와 마주치게 되었답니다.
'아, 내 아들!'

칼리스토는 비록 말을 하지는 못했지만 반가운 나머지

아들인 아르카스에게 손을 뻗었어요.

아르카스는 곰이 자기를 공격한다고 생각하고 활시위를 당겼지요.

마침 이 광경을 보게 된 제우스는 깜짝 놀랐어요.

"아, 이럴 수가! 아들이 어머니를 죽이다니. 이런 슬픈 일이 일어나서는 안 돼!"

그 순간, 제우스는 칼리스토와 아르카스를 별로 만들어 하늘로 올려 보내 주었지요.

"아르카스야, 내가 네 엄마란다!"

비로소 말을 할 수 있게 된 칼리스토는 눈물을 흘리며 그간의 이야기를 들려주었답니다.

이렇게 둘은 큰곰자리와 작은곰자리가 되어 언제까지고 같이 지내게 되었어요.

이 사실을 알게 된 헤라는 화가 나서 견딜 수 없었어요.

자기가 미워하는 칼리스토와 아르카스가 아름다운 별자리가 되었으니까요.

그래서 바다의 신에게 말해 그들이 다른 별들처럼 바다에 들어오지 못하게 했어요.

그 뒤로 큰곰자리와 작은곰자리는 *수평선 아래로 떨어지는 법이 없이

항상 하늘을 뱅뱅 돌게 되었답니다.

*수평선 : 물과 하늘이 맞닿아 경계를 이루는 선.

10

 # 쌍둥이자리

쌍둥이자리는 한겨울 하늘 한가운데 떠 있는 별자리예요. 마치 사이좋은 쌍둥이처럼,
비슷하게 생긴 두 별자리가 나란히 붙어 있어서 '쌍둥이자리'라고 부르지요.
형인 카스토르는 두 번째로 밝게 빛나는 *이등성이고,
아우인 폴리데우케스는 그보다 더 밝은 *일등성이에요.
원래는 형이 더 밝았는데 시간이 지나면서 아우가 더 밝아지게 되었다고 해요.
겨울에 이 별자리 주변에서 별똥별을 자주 볼 수 있는데,
이를 쌍둥이자리 유성군이라고 불러요. 여러분도 겨울밤에 쌍둥이자리를 찾아보세요.
운이 좋으면 하늘에서 떨어지는 별똥별을 볼 수도 있을 테니까요.
그럼, 이 형제가 어떻게 하늘의 별이 되었는지 함께 알아볼까요?

*일등성: 맨눈으로 볼 수 있는 별의 밝기를 여섯 등급으로 나눌 때에 가장 밝게 보이는 별.
*이등성: 맨눈으로 볼 수 있는 별의 밝기를 여섯 등급으로 나눌 때에 둘째로 밝은 등급에 속하는 별.
일등성보다 2.512배 어둡고, 삼등성보다 2.512배 밝다.

사이좋은 형제 카스토르와 폴리데우케스

"저렇게 아름다운 여인이 세상에 있다니, 꼭 한번 만나 보고 싶은걸?"
바람둥이 제우스는 그날도 인간 세상을 둘러보다가
라케다이몬의 왕, 틴다레오스의 부인인 레다를 발견하고 이렇게 말했어요.
레다의 아름다운 모습에 홀딱 반한 제우스는 백조로 변신해 레다를 찾아갔지요.
"어머, 저렇게 예쁜 백조가 있다니! 백조야, 이리 와 보렴."
레다는 영문도 모르고 제우스를 맞아들였어요.
마침 그날 레다는 남편과도 함께 지냈는데, 그 뒤에 커다란 알을 낳게 되었답니다.
시간이 지나자 알에서 네 쌍둥이가 태어났어요.
제우스의 자식인 폴리데우케스와 헬레네, 남편의 자식인
카스토르와 클리타임네스트라였지요. 사람들은 카스토르와 폴리데우케스를 함께
'제우스의 아들들'이라는 뜻으로 '디오스쿠로이'라고 불렀답니다.

아버지가 달라도 카스토르와 폴리데우케스는 아주 사이좋은 형제였어요.
"카스토르 형, 어디 가? 나도 같이 가자!"
"당연하지, 폴리데우케스. 널 두고 내가 어딜 가겠니?"
둘은 어딜 가나 붙어 다녔지요.
거기다 카스토르와 폴리데우케스는
무얼 하든 뛰어나서 사람들의 눈에 띄곤 했어요.

모험을 좋아하는 카스토르와 폴리데우케스는 이아손과 함께
아르고 호를 타고 황금 양털을 찾는 모험도 함께 떠났어요.
이 모험은 무척 위험하고 흥미진진했기 때문에 많은 모험가가 형제를 우러러보았지요.
어느 날, 이 형제들에게 비극이 닥쳐왔어요.
카스토르와 폴리데우케스는 아름다운 자매를 사랑하게 되었는데,
하필 이들이 사촌들의 약혼녀였지 뭐예요.
"감히 남의 약혼녀를 탐내다니? 너희가 아무리
용감하고 뛰어나다지만 그러고도 멀쩡할 수 있을 줄 알아?"
"무슨 소리야! 우리 형제가 사랑 앞에서 맥없이 물러날 줄 알았느냐?"
결국 이 싸움으로 카스토르와 사촌들은 목숨을 잃고 말았어요.

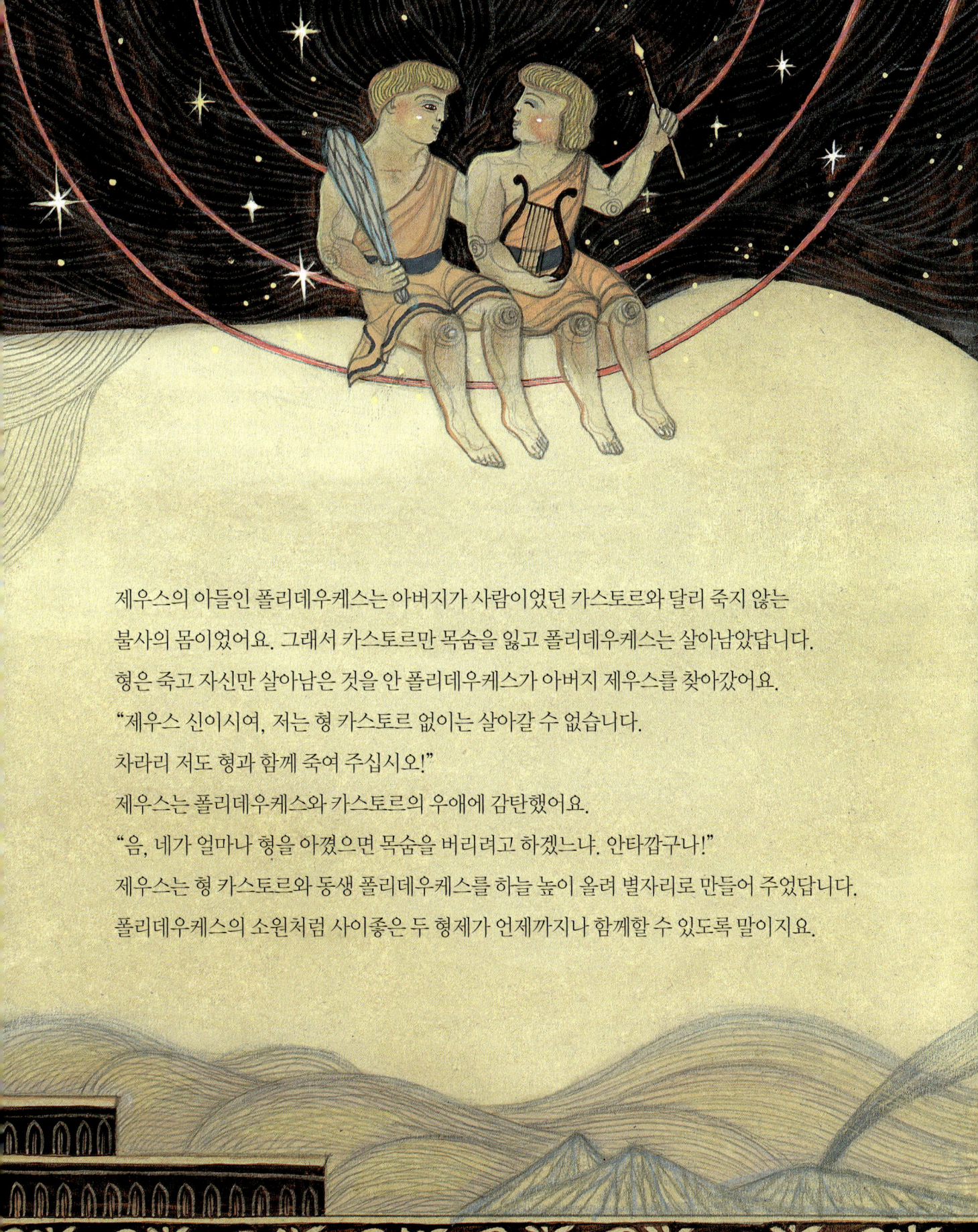

제우스의 아들인 폴리데우케스는 아버지가 사람이었던 카스토르와 달리 죽지 않는
불사의 몸이었어요. 그래서 카스토르만 목숨을 잃고 폴리데우케스는 살아남았답니다.
형은 죽고 자신만 살아남은 것을 안 폴리데우케스가 아버지 제우스를 찾아갔어요.
"제우스 신이시여, 저는 형 카스토르 없이는 살아갈 수 없습니다.
차라리 저도 형과 함께 죽여 주십시오!"
제우스는 폴리데우케스와 카스토르의 우애에 감탄했어요.
"음, 네가 얼마나 형을 아꼈으면 목숨을 버리려고 하겠느냐. 안타깝구나!"
제우스는 형 카스토르와 동생 폴리데우케스를 하늘 높이 올려 별자리로 만들어 주었답니다.
폴리데우케스의 소원처럼 사이좋은 두 형제가 언제까지나 함께할 수 있도록 말이지요.

 오리온자리

오리온자리는 무척 화려하게 생긴 별자리로 겨울 밤하늘에서 쉽게 찾을 수 있지요.

600여 개의 별이 모인 오리온자리 주변의 별들을 '오리온성운'이라고 부르기도 해요.

오리온자리에는 아주 밝은 일등성의 별이 있고, 그 가운데 세 개의 별이

나란히 늘어서 있어요. 그래서 맑은 겨울날 밤에 보면 쉽게 눈에 띈답니다.

오리온자리는 거인 사냥꾼 오리온이 몽둥이를 들고 있는 모습이에요.

이 별자리에는 달의 여신 아르테미스의 슬픈 사랑 이야기가 숨어 있어요.

어떻게 하다 오리온이 별자리가 되었는지 함께 알아볼까요?

연인의 손에 죽음을 맞이한 오리온

달의 여신이자 사냥의 여신, 처녀 신으로 평생 순결을 지킨 아르테미스는

여느 때처럼 숲 속에서 사냥을 즐기고 있었어요. 그런데 맞은편에서

몸집이 어마어마하게 크고 아주 잘생긴 사냥꾼이 다가오는 게 아니겠어요?

"멈추어라! 여기가 감히 어딘 줄 알고 함부로 드나드느냐?"

날 선 아르테미스의 차가운 말투에도 아랑곳하지 않고 잘생긴 사냥꾼이 대답했어요.

"아르테미스 여신이군요. 저는 포세이돈 신의 아들인 오리온이라고 합니다.

저 또한 사냥을 무척 좋아해서 여기까지 오고 말았답니다."

잘생긴 데다가 사냥 솜씨도 훌륭한 오리온은 아르테미스의 좋은 친구가 되었어요.

한번 화가 나면 아무도 못 말리는 아르테미스지만 오리온의 미소 앞에서는 금세 기분을 풀곤 했지요.

하지만 아르테미스의 쌍둥이 남매인 아폴론은 오리온을 좋아하지 않았어요.

"저런 인간 따위가 감히 내 누이와 친하게 지내다니.

게다가 저 녀석은 예전에 다른 여자를 엄청나게 사랑한 적도 있어. 괘씸하군."

고민 끝에 아폴론은 커다란 전갈을 보내 아르테미스와 오리온이
사랑에 빠지지 않도록 감시하라고 했어요. 오리온은 힘도 세고 훌륭한 사냥꾼이었지만
태양의 신 아폴론이 보낸 전갈을 함부로 할 수 없어 피해 다니기만 했어요.
하루는 오리온이 전갈을 피해 바다 위를 걷고 있을 때였어요.
오리온은 바다의 신 포세이돈의 아들이라 바다 위를 걸을 수 있는 능력이 있었거든요.
그 광경을 멀리서 지켜보던 아폴론이 동생 아르테미스를 불렀어요.

"어때? 요즘 남자를 만나느라 활 솜씨가 녹슨 것은 아니냐?"
오빠의 놀림에 발끈한 아르테미스는 활을 꺼내 들고 소리쳤어요.
"말만 해. 내가 한 방에 꿰뚫어 줄 테니 말이야."
아폴론은 기다렸다는 듯이 멀리 바다 한가운데 있는 오리온을 가리켰어요.
오리온은 너무 멀리 있어 작은 점처럼 보였지요.
"저기 멀리 바다 위에 있는 것도 맞힐 수 있겠어?
자신 없으면 망신당하지 말고 미리 이야기하라고."
화가 머리끝까지 난 아르테미스는 망설임 없이 활을 쏘았어요.

과연 사냥의 여신 아르테미스의 활 솜씨는 뛰어났어요.

날카로운 화살은 바람을 가르고 날아가 오리온의 가슴을 정확하게 꿰뚫고 말았어요.

오리온은 연인의 화살을 맞고 그 자리에서 죽고 말았지요. 아르테미스는 바닷가에 떠밀려 온

오리온의 시체를 보고서야 자기가 무슨 짓을 저질렀는지 깨달았어요.

"아, 이럴 수가! 내가 오리온을 죽이고 말았어!"

아르테미스는 오리온의 죽음을 몹시 슬퍼했지만, 죽은 사람을 되살릴 방법은 없었어요.

제우스는 슬픔에 겨워 우는 아르테미스를 위해 오리온을 하늘의 별로 만들어 주었답니다.

아폴론 역시 자신의 명령을 잘 따라 준 전갈을 기특하게 여겨 별로 만들어 주었어요.

그래서 지금도 전갈자리가 오리온자리의 뒤를 따라갈 뿐, 둘은 절대로 만나지 않는답니다.

심지어 별이 되어서까지도 말이에요.

페르세우스자리와 안드로메다자리

페르세우스는 괴물 메두사를 물리친 그리스 신화의 영웅이에요.

그래서 하늘의 별이 되어서도 메두사의 머리를 높이 치켜들고 있지요.

페르세우스자리의 별은 늘 빛나지만, 메두사의 머리에 해당하는 별은

변광성이라고 해서 어두워졌다 밝아졌다를 반복해요. 사람들은 이 별을 '알골'이라고도

부르고, 페르세우스가 죽인 메두사의 눈이라 하여 '괴물별'이라고도 부른답니다..

안드로메다자리는 이 알골 오른쪽에 있는 아름다운 별자리예요.

사랑하는 연인 페르세우스 별자리 바로 옆에 자리 잡고 있지요.

이 안드로메다 별자리 옆으로 많은 천체가 모여 있는데,

그것이 바로 '안드로메다은하'랍니다.

아름다운 안드로메다와 용감한 페르세우스

아름다운 안드로메다 공주는 에티오피아의 왕인
케페우스와 카시오페이아 왕비 사이에서 태어났어요.
왕비는 아름다운 공주를 몹시 자랑스럽게 여겼지요.
"흥, 네레이데스가 아름답다고 하지만 안드로메다에 비하면
아무것도 아닐 거예요. 그녀들이 다 모여 있어도
내 딸의 아름다움을 이길 수는 없지요."

네레이데스는 무척 아름다운, 오십여 명이나 되는 바다의 님프였어요.
그녀들은 불같이 화를 내며 바다의 신 포세이돈에게 갔어요.
그러고는 카시오페이아를 벌주라고 부탁했지요.
포세이돈은 무시무시한 괴물을 에티오피아에 보냈어요.
괴물은 사람들을 잡아먹고 온갖 것을 불태우며 온 나라를 어지럽혔어요.
케페우스 왕은 바다 괴물을 물리칠 방법을 찾으려고 신탁을 구했지요.
"네 딸을 제물로 바쳐라. 그렇지 않으면 이 재앙은 끝나지 않을 것이다."
케페우스는 자신의 딸을 무척 사랑했지만, 백성들이 괴로움을 당하고
나라가 망해 가는 것을 두고 볼 수는 없었어요.

"미안하다, 안드로메다. 이 아비도 어쩔 수 없구나."
결국 안드로메다는 바닷가 바위에 묶여 괴물의 먹이가 될 신세가 되었어요.
바로 그때, 안드로메다 앞에 메두사의 머리를 잘라 집으로 돌아가던
영웅 페르세우스가 나타났어요.
"아니, 이렇게 아름다운 아가씨가 왜 이런 곳에……"
안드로메다에게 자초지종을 들은 페르세우스는 가여운 공주를 구하기로 했어요.
페르세우스는 근처 바위에 숨어 괴물이 나타나기를 기다렸지요.
마침내 무시무시한 괴물이 안드로메다를 향해 흉측한 입을 벌리자
페르세우스는 칼을 휘둘러 바다 괴물을 처치했어요. 마침내 온 나라를
쑥대밭으로 만들던 괴물이 죽고, 안드로메다 공주는 무사히 살아날 수 있었답니다.
이렇게 신기한 인연으로 만난 안드로메다와 페르세우스는 부부가 되었어요.
티린스에 자리를 잡은 부부는 아들 여섯에 딸 하나를 낳고 잘 살았어요.
그리고 세상을 떠날 때에는 함께 아름다운 별자리가 되었다고 해요.

거문고자리

거문고자리는 한여름부터 가을 사이에 은하수의 서쪽에서 볼 수 있는 별자리예요.

거문고자리에는 직녀성으로 불리는 푸르스름한 일등성이 있어서

이 별을 기준으로 찾으면 쉽게 볼 수 있지요.

동양에서는 은하수를 기준으로 직녀성과 견우성이 마주 보고 있다고 여기며,

은하수를 건너 일 년에 한 번씩 만나는 견우와 직녀 이야기를 만들었답니다.

그리스 신화에서 거문고자리는 리라, 즉 손으로 뜯어서 아름다운 소리를 내는

악기를 뜻하며, 뛰어난 음악가였던 오르페우스의 악기를 나타내지요.

오르페우스가 그토록 아끼던 악기가 어쩌다 별자리가 되었는지 함께 알아보아요.

음악가 오르페우스

오르페우스는 트라키아의 왕자로 어머니가 예술의 신인 아홉 무사이 중 하나인
칼리오페였다고 해요. 오르페우스는 용감한 영웅은 아니었지만
노래와 악기 연주 솜씨로 온 세상을 휘어잡았어요.
"아, 오르페우스가 연주를 시작했어. 한번 들어 봐요."
오르페우스가 달콤한 목소리로 노래를 부르면 사나운 짐승도 순해지고,
나쁜 사람도 착한 마음을 먹었어요. 아르고 호 원정에 참가했을 때는
사람을 꾀는 괴물 세이렌보다 더 아름답게 리라를 연주해서 사람들을 구해 냈답니다.
　　오르페우스는 여러 이야기에 등장하지만 아내 에우리디케를 구하기 위해
　　지하 세계로 내려간 이야기가 가장 유명해요.
　　에우리디케는 자신을 해치려는 괴물을 피해 도망가다 뱀에 물려 죽고 말았어요.
　　오르페우스는 리라 하나만 가지고 에우리디케가 머무는 지하 세계로 내려갔지요.
　　그곳에서 리라를 연주해 지하 세계를 지키는 괴물 개 케르베로스를 길들이고,
　　지하 세계의 신 하데스까지 감동시켜 에우리디케를 구해 냈어요.

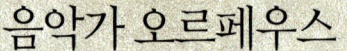

하데스는 에우리디케를 놓아주면서 오르페우스에게
땅에 도착할 때까지 절대로 뒤를 돌아보지 말라고 일렀어요.
"오르페우스, 네 음악에 감동해서 네 아내를 돌려보내 주겠다. 하지만 땅에 올라갈 때까지
뒤를 돌아보지 마라. 네 아내가 너를 따라가고 있다는 것을 굳게 믿어라."
하지만 오르페우스는 에우리디케가 잘 따라오고 있는지 걱정이 되었어요.
그래서 땅 위로 나오려는 순간 뒤를 돌아보았고, 에우리디케는 다시 지하 세계로 가 버렸어요.
한순간의 실수로 그동안의 숱한 고생이 모두 물거품이 되었지요.

홀로 땅 위로 올라온 오르페우스는 슬픔에 겨워 다시는 여자를 가까이하지 않았어요.
오르페우스를 따르고 좋아하던 여자들은 이런 오르페우스를 미워하기 시작했고,
마침내 오르페우스를 죽이고 말았어요.
그리고 죽은 오르페우스와 오르페우스가 가장 아끼던 리라를 강물에 던져 버렸지요.
제우스는 그런 오르페우스를 가엾게 여겨 그의 리라를 하늘의 별자리로 만들어 주었어요.
오르페우스는 죽은 뒤에 에우리디케를 다시 만나 영원히 행복하게 지냈다고 해요.

그리스 로마 신화 올림포스 가디언 65

신화, 별자리를 수놓다

글 서보현 **그림** 김선진

펴낸이 양원석
펴낸곳 (주)알에이치코리아
등록 2004년 1월 15일 제2-3726호
주소 서울특별시 금천구 가산디지털2로 53, 20층 (한라시그마밸리)
문의전화 02)6443-8800

ISBN 978-89-255-4350-5(74800)
ISBN 978-89-255-4354-3(세트)

값 **12,800원**

명화 구입처 유로크레온㈜

알에이치코리아 홈페이지와 카페, SNS로 들어오시면 자사 도서에 대한 더 많은 정보와 다양한 이벤트 혜택을 확인할 수 있으며,
E-book몰에서는 전자북으로도 만나볼 수 있습니다.
주니어RHK 홈페이지 http://jrrhk.com | E-book몰(RHK북스) http://ebook.rhk.co.kr | 북카페 http://cafe.naver.com/randomhousekorea
페이스북 https://www.facebook.com/rhk.co.kr | 트위터 @randomhouse_kr | 유튜브 http://www.youtube.com/randomhousekorea